Fließe, Wasser; ströme, Licht!

Arnd Herrmann

Fließe, Wasser; ströme, Licht!

Lieder für Gottesdienst und Alltag

Dritte, veränderte und erweiterte Auflage

Bibliographische Information der Deutschen Nationalbibliothek:
Die Deutsche Nationalbibliothek verzeichnet diese Publikation
in der Deutschen Nationalbibliographie; detaillierte bibliographische
Daten sind im Internet über http://dnb.dnb.de abrufbar.

© 2025 Arnd Herrmann
Verlag:
BoD · Books on Demand GmbH, In de Tarpen 42,
22848 Norderstedt, bod@bod.de
Druck:
Libri Plureos GmbH, Friedensallee 273,
22763 Hamburg

ISBN: 978-3-7693-5209-2

Vorwort

„Wer singt, betet doppelt", meinte der Kirchenvater Augustinus. Und Martin Luther pries die Musik als eine Gabe Gottes, denn „sie vertreibt den Teufel und macht die Leute fröhlich." Von daher versteht es sich von selbst, dass das Lied in Gottesdienst und Gemeinde einen hohen Stellenwert genießt. Dank und Lob, Klage und Bitte, Freude und Sehnsucht – alle diese so unterschiedlichen Empfindungen können im Lied ihren Ausdruck finden und vor Gott laut werden.
Die vorliegende Sammlung enthält neue Liedtexte, die durch das Kirchenjahr und den Alltag begleiten. Viele von ihnen knüpfen an die liturgische Tradition mit ihren Festzeiten an bzw. sind für die sonntägliche Praxis und die private Andacht geeignet.
Für tatkräftige und kompetente Unterstützung bei der Erstellung der Druckvorlage danke ich meiner Frau Andrea sowie Barbara Liermann sehr herzlich.
Möge die Textsammlung dazu beitragen, das Leben in Gottesdienst und Alltag zu bereichern und das Lob Gottes zu mehren.

Würselen, im Herbst 2019   *Arnd Herrmann*

Vorwort zur 2. Auflage

Für die zweite Auflage wurden einige Liedtexte überarbeitet und weitere Beiträge hinzugefügt. Das Anliegen des Buches bleibt unverändert: „Singet dem Herrn und lobet seinen Namen, verkündet von Tag zu Tag sein Heil!" (Psalm 96,2).

Würselen, im Winter 2021   *A.H.*

Vorwort zur 3. Auflage

Das Buch erscheint nicht nur äußerlich in neuem Gewand. Auch die Textsammlung wurde stellenweise verändert. Dazu kommen Beiträge, die in der jüngeren Vergangenheit entstanden sind. Zu den meisten Texten gibt es auf mehrfach geäußerten Wunsch hin nun wieder einen Melodievorschlag.

Würselen, im Frühjahr 2025   *A.H.*

Der Kirchenjahreskreis

Ein Stern geht auf (Adventslied)

Ein Stern geht auf. Es ist Advent.
Geheimnisvolle Zeit.
Von fern her dringt sein heller Glanz
in unsre Dunkelheit.
So schenk uns wache Augen, Herr,
um dieses Licht zu sehn!
Lass uns gesammelt und bereit
dem Fest entgegengehn!

Gib, dass des Alltags Lärm und Hast
nicht die Besinnung stört,
damit das Herz zur Ruhe kommt
und sich zu dir bekehrt.
Leg deinen Frieden auf die Welt,
die sich im Streit verliert
und oftmals deine Gegenwart
und Liebe nicht mehr spürt.

In aller Sorge dieser Zeit
erwecke uns dein Geist,
der uns aus Not und Finsternis
den Weg zur Freude weist.
Ein Stern geht auf. Es ist Advent.
So mach die Herzen weit
für deine Ankunft, großer Gott,
du Herr der Herrlichkeit!

Melodie: O Bethlehem, du kleine Stadt (EG 55)

Kannst du das Adventslicht sehn

Kannst du das Adventslicht sehn,
das zwar nur dezent,
doch beständig, mild und schön
auf dem Kranze brennt?

Wenn du still und wachsam bist,
nicht zu abgelenkt,
und dein Herz empfänglich ist,
wird es dir geschenkt.

Mitten in die Dunkelheit
und die Not der Welt
hat Gott selbst zu dieser Zeit
uns sein Licht gestellt.

Mag der Schimmer um den Kranz
auch bescheiden sein,
trägt er dennoch warmen Glanz
in die Welt hinein.

Und wie dieses zarte Licht
Nacht und Not erhellt,
weckt es Mut und Zuversicht,
Hoffnung für die Welt.

Komm zum Licht, das unbeirrt
in der Stille brennt,
und vertrau ihm! Denn so wird
auch für dich Advent.

Melodie: Abend ward, bald kommt die Nacht (EG 487)

Erscheine wie das Morgenrot (Adventslied)

Erscheine wie das Morgenrot
mit deinem hellen Schein
und stelle in die Angst und Not
der Welt dein Licht hinein!
Das Erdreich liegt in Finsternis
und ist von Leid entstellt.
Die Völker seufzen. Und ein Riss
geht durch die ganze Welt.

Die Willkür herrscht. Der Wahn regiert,
schürt Unheil und Konflikt.
Die Kälte wächst. Die Seele friert.
Das Recht wird unterdrückt.
Wir sind in dieser rauen Zeit
von allem Trost entblößt.
Herr, führ uns aus der Dunkelheit
ins Licht, das uns erlöst!

Einst hast du dich in Bethlehem
den Menschen offenbart.
Wir sehnen uns wie ehedem
nach deiner Gegenwart.
So komm auch jetzt in unsre Welt,
dass sie den Segen spürt,
sich ihre Finsternis erhellt
und endlich Friede wird.

Melodie: It came upon the midnigt clear (NEH 29)

Hosianna dem Sohn Davids (Adventslied)

Hosianna dem Sohn Davids,
der in Zion Einzug hält!
Preist den lang ersehnten Retter,
den Erlöser aller Welt!
Die ihr wohnt im finstern Lande,
öffnet eure Herzen weit
und lasst jeden Zweifel fahren!
Freut euch! Es ist Gnadenzeit!

Macht euch auf! Eilt ihm entgegen,
hebt die Stimmen, jubelt, singt,
weil das Reis aus Davids Stamme
Licht und Leben mit sich bringt!
Was euch plagte und beschwerte,
eure Sorge, Angst und Last,
nimmt er auf sich. Müden Seelen
schenkt er Frieden, Trost und Rast.

Hosianna in der Höhe!
Allen Völkern nah und fern,
die auf Gottes Hilfe warten,
strahlt der helle Morgenstern.
Christus kommt! Wir dürfen hoffen.
Not und Leid bezwingt uns nicht.
Denn das Heil ist schon bereitet
und der Zion steht im Licht.

Melodie: O Durchbrecher aller Bande (EG 388)

Zion, mache dich bereit! (Adventslied)

Zion, mache dich bereit!
Denn in Nacht und Dunkelheit
strahlt ein helles Licht.
Lass den wunderbaren Schein
in dein Herz und Leben ein
und verzage nicht!

Es verkündet dir der Stern
durch sein Leuchten Gott, den Herrn,
der die Not bezwingt
und die arg bedrängte Welt
aus der Nacht führt, sie erhellt
und ihr Rettung bringt.

So ganz anders als gedacht
naht er: nicht mit Glanz und Pracht,
sondern schlicht und bloß
als ein sanfter, stiller Gast.
Doch es ist ihm keine Last
dieser Welt zu groß.

Zion, dich hat er erwählt!
Er nimmt auf sich, was dich quält,
ängstigt und verletzt.
Not und Finsternis vergeht,
weil der Stern am Himmel steht.
Und das Licht scheint jetzt.

Melodie: Eine große Stadt ersteht (GL 479)

Aus Zion geht der Glanz des Herrn (Adventslied)

Aus Zion geht der Glanz des Herrn
in stiller Klarheit auf.
Und strahlend nimmt der Morgenstern
am Himmel seinen Lauf.
Gott selbst tritt ein in unsre Zeit.
Er kommt und zögert nicht.
Und mitten in der Dunkelheit
entzündet er sein Licht.

Wir sind von Nacht und Not umstellt,
in Schuld und Leid verstrickt.
Der Friede wird in dieser Welt
oft schon im Keim erstickt.
Nun aber bricht das Licht herein,
das Mut und Hoffnung schenkt
und das mit seinem hellen Schein
die Finsternis verdrängt.

So habet acht auf diesen Stern,
macht eure Tore weit
und bahnt die Wege für den Herrn
in seiner Herrlichkeit!
Als Gott von Gott und Licht vom Licht
kommt euch der Retter nah.
Drum seid getrost und zweifelt nicht!
Er kommt! Halleluja!

Melodie: It came upon the midnight clear (NEH 29)

In der Dunkelheit der Nacht (Adventslied)

In der Dunkelheit der Nacht
leuchtet uns ein Licht.
Habt auf dieses Zeichen acht
und versäumt es nicht!

Allen wird das Licht zuteil,
die im Finstern sind.
Gott schafft Leben, Trost und Heil
und wird selbst ein Kind.

Macht euch zum Empfang bereit
hier und überall!
Öffnet eure Herzen weit
für das Kind im Stall!

Folgt dem Stern, der droben steht
und die Schritte lenkt!
Eilt zur Krippe, staunt und seht,
wie uns Gott beschenkt!

Melodie: Abend ward, bald kommt die Nacht (EG 487)

Komm zu uns, Herr, und hülle (Adventslied)

Komm zu uns, Herr, und hülle
die Welt in deinen Schein!
Nimm uns in deine Stille
und in dein Licht hinein!

Weil Lärm und Hast regieren,
fehlt uns die klare Sicht.
So viele Herzen frieren.
Wärm uns mit deinem Licht!

Die Menschheit liegt im Streite
und gönnt sich keine Ruh.
Schenk unsern Herzen Weite,
deck Hass und Feindschaft zu!

Herr, lass uns nicht ermüden,
wehr Angst und Traurigkeit
und gib uns deinen Frieden
in dieser dunklen Zeit.

Dort, wo dein guter Segen
die Finsternis erhellt,
liegt Licht auf unsern Wegen,
wächst Hoffnung für die Welt.

*Melodie: Ach bleib mit deiner Gnade (EG 347/GL 436)
oder: Wir sind nur Gast auf Erden (GL 505)*

Nacht lag auf dem Felde (Weihnachtslied)

Nacht lag auf dem Felde, und ein heller Stern
leuchtete von oben, Zeichen für den Herrn.
O Lebenslicht, das alle Nacht erhellt:
Gott im Himmel Ehre, Friede in der Welt.

Hirten bei den Herden, elend und verlorn,
hörten froh die Kunde: Christus ist geborn.
O ew'ges Wort, das auf die Erde fällt:
Gott im Himmel Ehre, Friede in der Welt.

Wunder aller Wunder: Ärmlich, nackt und bloß
fanden sie den Heiland in Mariens Schoß.
O Davidssohn, du Hirt und starker Held:
Gott im Himmel Ehre, Friede in der Welt.

Enge Herzen wurden an der Krippe weit
und die Engel priesen Gottes Herrlichkeit.
O Morgenstern, zum Heil für uns bestellt:
Gott im Himmel Ehre, Friede in der Welt.

Melodie: Korn, das in die Erde (EG 98)

Siehst du den Stern in seiner Pracht (Weihnachtslied)

Siehst du den Stern in seiner Pracht,
hörst du der Engel Lied?
Sie künden, dass in dieser Nacht
der Welt das Heil geschieht.

Vertrau dem Lichte, folg dem Ruf
und mache dich bereit!
Der Herr, der einst die Welten schuf,
tritt selbst in deine Zeit.

In Liebe knüpft er neu das Band,
das deine Schuld zerriss
und leitet dich mit starker Hand
aus Tod und Finsternis.

Es ist die Herrlichkeit des Herrn,
die in dein Leben fällt.
So folge nur dem Morgenstern!
Denn er erlöst die Welt.

Melodie: Lobt Gott, ihr Christen alle gleich (EG 27)

Steht vom Schlafe auf, erwacht! (Weihnachtslied)

Steht vom Schlafe auf, erwacht!
Silbern liegt die Sternennacht
über Feld und Weide!
Schaut den Himmel an! Er glänzt,
von dem hohen Licht bekränzt,
wie im Festtagskleide!

Lauscht dem wunderbaren Klang
von dem großen Chorgesang
droben in den Sphären!
Engel singen dort ihr Lied,
dass es weite Kreise zieht,
Gott dem Herrn zu Ehren.

Sie verkünden euch das Heil!
Allen Menschen wird's zuteil,
die auf Rettung hoffen.
Über Leid und Not der Zeit
steht in Pracht und Herrlichkeit
Gottes Himmel offen.

Sternenlicht und Freudenschall
rufen uns vom Feld zum Stall.
Kommt und lasst uns gehen!
Wie der Chor verheißen hat,
werden wir in Davids Stadt
den Erlöser sehen.

Kniet und betet vor dem Kind,
mit dem Gottes Heil beginnt
bei uns hier auf Erden!
Lobt den Herrn und betet an!
Wo Gott selber wohnt, dort kann
endlich Friede werden.

Engel steigen auf und nieder (Weihnachtslied)

Engel steigen auf und nieder
überm weiten Hirtenfeld,
und sie singen frohe Lieder,
denn der Heiland aller Welt
ist in dieser Nacht geboren.
Was Gott vormals hat geschworen
und dem Volke prophezeit,
ist erfüllt in Herrlichkeit.
Freut euch alle, jauchzt und singt,
weil Gott Heil und Frieden bringt.

Auf dem Heu und Stroh im Stalle
liegt und schläft das heil'ge Kind.
Seine Ankunft tröstet alle,
die beschwert und traurig sind.
In der dunkelsten der Nächte
wird der Herr für uns zum Knechte,
kommt zur Welt und offenbart
Gottes Gnad und Gegenwart.
Freut euch alle, jauchzt und singt,
weil Gott Heil und Frieden bringt.

Melodie: Hark! The herald angels sing (NEH 26)

Weihnachtszeit – stille Zeit

Weihnachtszeit – stille Zeit.
Lärm und Unrast schwinden.
Nun soll aller Erdenstreit
zur Versöhnung finden.

Weihnachtszeit – lichte Zeit.
Hoch die Sterne glühen.
Mitten in der Dunkelheit
kann die Hoffnung blühen.

Weihnachtszeit – frohe Zeit.
Gott besucht die Erde,
dass aus Angst und Traurigkeit
Trost und Freude werde.

Weihnachtszeit – heil'ge Zeit.
Engel überm Stalle
künden Gottes Herrlichkeit,
Gnade für uns alle.

Weihnachtszeit – sel'ge Zeit,
Friede ohne Ende,
denn aus seiner Ewigkeit
füllt uns Gott die Hände.

Still endet nun das alte Jahr

Still endet nun das alte Jahr.
Wir stehen an der Schwelle.
Da wendet sich das Herz zu dir,
des Lebens Grund und Quelle.

Wir danken dir für dein Geleit.
Du hast an allen Tagen
im alten Jahr uns treu geführt
und väterlich getragen.

Bleib so im Wandel dieser Zeit
auch künftig Ziel und Mitte!
Lass deinen Segen auf uns ruhn
und lenke unsre Schritte!

Komm uns an jedem Morgen, Herr,
mit deiner Lieb entgegen
und lass sie uns ein Leitstern sein
auf allen unsern Wegen!

Erfülle uns mit deinem Geist,
vor Schaden uns bewahre!
Schenk Frieden auf der ganzen Welt
im neuen Erdenjahre!

Wir legen alles das, was kommt,
in deine treuen Hände.
Was du beginnst, das bringt dein Rat
gewiss zum guten Ende.

So gehen wir ins neue Jahr
getrost und ohne Sorgen.
Denn wer sich, Herr, auf dich verlässt,
der weiß sich stets geborgen.

Melodie: Ich liege, Herr, in deiner Hut (GL 99 oder EG 486)

Christus, heller Morgenstern (Epiphaniaslied)

Christus, heller Morgenstern,
in der Welt erschienen,
um den Menschen nah und fern
brüderlich zu dienen:
Leuchte auch in unsre Zeit
und vertreib die Dunkelheit,
öffne jedes Herz ringsum
für das Evangelium!

Einst hast du dich offenbart
weisen Astrologen.
Reich an Schätzen, hochbejahrt,
kamen sie gezogen.
Lenke aller Menschen Sinn
auf den Weg zur Krippe hin,
wo so schlicht und wundersam
unser Heil den Anfang nahm.

Tu den Himmel für uns auf
wie am Jordangraben,
dass wir dich im Jahreslauf
stets vor Augen haben
als den Retter dieser Welt,
der sich zu den Sündern stellt
und auf diesem Erdenrund
alle ruft in seinen Bund.

Du schenkst Freude, du allein.
Unter deinen Händen
wandelt Wasser sich in Wein
und die Klagen enden.
Auch wer kraftlos ist und matt,
wird von deiner Fülle satt.
Keiner darbt. Nichts wird vermisst,
wo du, Herr, zugegen bist.

Stifte Segen durch dein Wort,
lass den Zweifel schwinden,
dass die Menschen hier und dort
zu der Wahrheit finden!
Schenk uns deinen guten Geist,
der den Weg zum Frieden weist
und die Finsternis erhellt.
Leuchte, strahle, Licht der Welt!

Folget Jesus in den Garten! (Gründonnerstagslied)

Folget Jesus in den Garten!
Lasst ihn heute nicht allein!
Teilt mit ihm sein banges Warten,
Elend und Verlassensein!
Bleibt bei Jesus, betet, wacht!
Schlaft nicht ein in dieser Nacht!

Kniet mit ihm im Ölgelände,
wo er einsam fleht und bebt
und verzagt die müden Hände
in den dunklen Himmel hebt!
Bleibt bei Jesus, ...

Seht, wie er am Boden kauert,
weil schon das Verhängnis naht,
das im Hinterhalte lauert
durch Bestechung und Verrat.
Bleibt bei Jesus, ...

Stärkt euch unterm grauen Laube
so wie er durch das Gebet!
Bittet Gott, dass euer Glaube
diese Finsternis besteht!
Bleibt bei Jesus, ...

Denn das Weizenkorn muss sterben
und das Heil liegt im Gericht.
Nur durch Leiden und Verderben
führt der Weg empor zum Licht.
Bleibt bei Jesus, ...

Melodie: Gott des Himmel und der Erden (EG 445)

Gethsemane (Gründonnerstagslied)

Staub der Erde, Sand und Steine,
Schatten im Olivenhaine,
dunkles Flüstern in den Bäumen
wie aus unheilvollen Träumen,
bange Ahnung, bittres Weh -
all dies ist Gethsemane.
Kyrie eleison!

Einsamkeit und leises Klagen,
Zögern, Zaudern, Zittern, Zagen,
Nacht und Tod vor Augen sehen
und zu Gott im Himmel flehen,
dass der Kelch vorübergeh -
all dies ist Gethsemane.
Kyrie eleison!

Weinen, in der Seele frieren,
Ohnmacht, Furcht und Schwachheit spüren,
bitten unterm grauen Laube,
dass der so bedrängte Glaube
die Versuchung übersteh -
all dies ist Gethsemane.
Kyrie eleison!

Mitten in den tiefsten Nöten
harren, wachen, rufen, beten
und trotz Angst und Widerstreben
sich in Gottes Plan ergeben:
„Vater, was du willst, gescheh" -
all dies ist Gethsemane.
Kyrie eleison!

Im Kreuz ist Heil (Passionslied)

Im Kreuz ist Heil, im Tod ist Leben.
Wir beten das Geheimnis an,
das du uns, Herr, auf deinen Wegen
durch diese Welt hast kundgetan.
Du bist für uns ans Kreuz gegangen,
verlacht, geschmäht, gegeißelt, wund.
So leertest du den Krug der Tränen
bis tief hinab auf seinen Grund.

Zum Dienen kamst du, nicht zum Herrschen,
und scheutest nicht der Feinde Spott.
Mocht's auch der Welt wie Torheit scheinen,
so war es Weisheit doch bei Gott.
Geduldig littest du die Marter
und schwiegst zu Willkür, Wut und Zorn,
nahmst auf dich alle Schuld der Erde
und starbst für uns als Weiznekorn.

Du machtest, Herr, dich selbst zum Knechte
und gabst der Liebe weiten Raum.
Da ward der Ort des Fluchs zum Segen,
das tote Holz zum Lebensbaum.
Wir preisen dich und dieses Wunder,
das in der Schwachheit Gottes liegt.
Denn sie ist stärker als die Menschen
und lehrt uns, dass die Liebe siegt.

Melodie: Nun saget Dank und lobt den Herren (EG 294)

Golgatha (Passionslied)

Golgatha, du Ort der Trauer
und der Gottverlassenheit,
Stätte voller Fluch und Schauer,
Qual und Ausweglosigkeit:
So viel Leid hast du gesehen,
wurdest Zeuge bittrer Not,
von Verzweiflung, Pein und Flehen.
Und dein Name steht für Tod.

Auf dir starb der Herr des Lebens
ausgestoßen und allein.
All sein Hoffen schien vergebens,
all sein Werk umsonst zu sein.
Auch der Himmel war verschlossen.
Aber die Soldaten spien
ihm in sein Gesicht und gossen
Spott und Schande über ihn.

Zur Belustigung für alle
war sein Haupt mit Dorn gekrönt.
Essigwein, vermischt mit Galle,
war sein Trank. Und so verhöhnt,
nackt dem Winde preisgegeben,
der das Marterholz umstrich,
rang sein Leib um Luft und Leben,
bis der letzte Atem wich.

Golgatha, du sahst ihn sterben,
Opfer kalter Politik.
Wir indes sind seine Erben
und bekennen seinen Sieg.
Noch ist zwar der Blick verschleiert
und lässt uns nur Schatten sehn.
Doch wenn Gott die Welt erneuert,
wirst auch du im Lichte stehn!

Melodie: Nun gehören unsre Herzen (EG 93)

Kelch des Leides (Passionslied)

Kelch des Leides, der uns Hoffnung,
Ohnmacht, die uns Hilfe bringt,
Furcht, die kniet im Staub der Erde
und die Finsternis bezwingt,
Liebe, die ins Opfer mündet
und aus Leiden schöpft Gewinn:
Wo die Welt sich so verwandelt,
wird das Ende zum Beginn.

Dornenkrone, deren Stachel
einen wahren König schmückt,
Kreuzesbalken, der den Abgrund
in sich trägt und überbrückt,
Not, die keine Antwort findet
und doch birgt den tiefsten Sinn:
Wo die Welt sich so verwandelt,
wird das Ende zum Beginn.

Grab, das Pforte ist zum Leben,
Keim, aus dem der Halm erblüht,
Trauer, die aus dumpfer Klage
sich erhebt als Jubellied,
Nacht, die unaufhaltsam schwindet
zu der Morgenröte hin:
Wo die Welt sich so verwandelt,
wird das Ende zum Beginn.

Melodie: Nun gehören unsre Herzen (EG 93)

Du gehst voran, wir ziehen mit (Passionslied)

Du gehst voran, wir ziehen mit,
dir fern und doch so nah.
Wir folgen deinem müden Schritt
hinauf nach Golgatha.

Du trägst das Kreuz, die schwere Last.
Dies also ist dein Lohn.
Die du zu Gott gerufen hast,
vergelten's dir mit Hohn.

Du erntest weder Ruhm noch Glanz.
Dich trifft das Strafgericht.
Entstellt von einem Dornenkranz,
sehn wir dein Angesicht.

Bei dir fand jeder Trost und Rat
in seiner Not und Pein.
Doch du bist auf dem letzten Pfad
verlassen und allein.

Du gehst voran, wir ziehen mit,
dir fern und doch so nah.
Wir folgen dir mit müdem Schritt
hinauf nach Golgatha.

Melodie: Ich steh an deinem Kreuz, Herr Christ (EG 556)

König mit der Dornenkrone (Passionslied)

König mit der Dornenkrone,
Herrscher ohne Volk und Land!
Preisgegeben Spott und Hohne,
stirbst du durch der Feinde Hand.
Einsam, von der Welt verraten,
hängst du nackt am Kreuz. Soldaten
würfeln schon um dein Gewand. Kyrie eleison!

Jede Hoffnung scheint verloren.
Du, der uns den Glauben gab,
nimmst das Heil, das du beschworen,
mit hinab in Tod und Grab.
Die dir zugejubelt hatten,
brechen nun im Kreuzesschatten
hämisch über dich den Stab. Kyrie eleison!

Deinen Spuren folgte Friede
und dein Weg war voller Licht.
Vielen Menschen, matt und müde,
gabst du Mut und Zuversicht.
Doch nun stirbst du ganz verlassen!
Wie soll unser Herz dies fassen?
Häme trifft dich und Gericht. Kyrie eleison!

Du bist tot! Sie ist zu Ende,
deine Drangsal, Angst und Pein.
Nacht liegt über dem Gelände.
Uns ist kalt. Wir sind allein.
Wird die Not wohl jemals schwinden
und die Welt Erlösung finden?
Möge Gott uns gnädig sein! Kyrie eleison!

Wunder, das wir nicht ergründen (Osterlied)

Wunder, das wir nicht ergründen,
Licht, das unsre Nacht erhellt:
Du lässt alle Schatten schwinden
und dein Glanz verklärt die Welt.
Vor dem leeren Grab als Zeichen
müssen Tod und Trauer weichen.
Hoffnung wächst, wo dies geschieht,
und Vertrauen wird zum Lied.

Wie die grauen Nebel steigen
in das junge Morgenlicht,
dürfen nun die Klagen schweigen,
weil des Todes Siegel bricht.
Goldne, warme Sonnenstrahlen
lösen Krusten, öffnen Schalen.
Samen keimt, der Frost entflieht
und der Glaube wird zum Lied.

Auch der Stein, der vor der Höhle
schwer und unbeweglich lag,
lastet nicht mehr auf der Seele.
Wie am ersten Schöpfungstag
ist das Licht uns neu gegeben
und schenkt allen Heil und Leben.
Das Verdorrte grünt und blüht
und die Freude wird zum Lied.

Melodie: Alle Menschen müssen sterben (EG RWL 694)

Nacht der Lichter und der Lieder (Osterlied)

Nacht der Lichter und der Lieder,
Wundernacht voll Herrlichkeit,
du bringst uns die Freude wieder
und vertreibst die Dunkelheit.
Jede Hoffnung schien vergebens,
weil wir nur noch Scherben sahn.
Nun sind durch den Sieg des Lebens
alle Tore aufgetan.

Nacht, du trittst aus deinem Schatten,
der sich in den Morgen hebt,
und der Kummer, den wir hatten,
weicht dem Rufe: Jesus lebt!
Weil der Tod ihn nicht mehr bindet,
ist die Trauerzeit vorbei.
Glaube wächst, der Zweifel schwindet,
und wir atmen froh und frei.

Nacht der Nächte, in der Stille
führst du uns das Licht herauf.
Und aus nie versiegter Fülle
geht die Sonne strahlend auf,
taut den Frost in allen Landen
und steht leuchtend im Gemüt,
denn der Herr ist auferstanden.
Kommt und seht! Die Erde blüht!

Melodie: O Durchbrecher aller Bande (EG 388)

Halleluja! Fest des Glaubens (Himmelfahrtslied)

Halleluja! Fest des Glaubens
und der Freude überall!
Halleluja! Erd' und Himmel
sind erfüllt von Jubelschall.
Denn der Herr ist auferstanden
aus des Grabes Dunkelheit
und zum Vater aufgefahren,
wo er herrscht in Ewigkeit.

Halleluja! Fest der Liebe
und der Herrlichkeit des Herrn!
Halleluja! Preis dem König,
Menschensohn und Morgenstern!
Allzeit ist er gegenwärtig
und uns nah an jedem Ort,
hält die Welt in seinen Händen
und regiert sie durch sein Wort.

Halleluja! Fest der Hoffnung
und der frohen Zuversicht!
Halleluja! Als Erlöste
stehen wir in seinem Licht,
das uns leitet und beständig
über unserm Leben scheint.
Denn durch Christus sind der Himmel
und die Erde nun geeint.

Melodie: Alleluya, sing to Jesus (NEH 271)

Erde, öffne dich dem Licht! (Himmelfahrtslied)

Erde, öffne dich dem Licht! Halleluja,
Schöpfung, hebe dein Gesicht! Halleluja.
Denn erstanden ist der Sohn, Halleluja,
und erhöht zu Gottes Thron. Halleluja.

Er nahm auf sich unsre Not, Halleluja,
und besiegte Nacht und Tod, Halleluja.
Und nun hält mit starker Hand, Halleluja,
er die ganze Welt umspannt. Halleluja.

Als der Herr von Raum und Zeit, Halleluja,
waltet er in Ewigkeit. Halleluja.
Wer noch zagt und zweifelt, komm! Halleluja.
Allen gilt sein Ruf: Schalom! Halleluja.

Schöpfung, freue dich und sing, Halleluja.
dass dein Lied zum Himmel dring! Halleluja.
Christus selber lädt uns ein. Halleluja,
Er ist unser, wir sind sein! Halleluja.

Melodie: Hail the day that sees him rise (NEH 130)

Schöpfer Geist, du Liebesmacht (Pfingstlied)

Schöpfer Geist, du Liebesmacht,
lass uns deine Flammen spüren!
Tritt herein in unsre Nacht,
löse Riegel, öffne Türen,
weite unsre enge Sicht
durch dein Licht!

Schöpfer Geist, du reine Glut,
komme zu uns, sanfter Tröster,
wecke in uns frohen Mut,
dass wir freier und erlöster
dich verkünden, der die Welt
trägt und hält!

Schöpfer Geist, hör unser Flehn,
hilf uns, deiner Kraft zu trauen,
dass wir neue Wege gehn,
über Gräben Brücken bauen,
bis dein Licht für alle scheint
und sie eint.

Schöpfer Geist, du starker Wind,
rühr uns an mit deinem Beben,
dass wir Christi Boten sind,
er der Weinstock, wir die Reben.
Denn so wächst das Reich des Herrn
nah und fern.

Melodie: Morgenglanz der Ewigkeit (EG 450)

Geist aus Gott, du helle Flamme (Pfingstlied)

Geist aus Gott, du helle Flamme,
nähre uns aus deiner Glut
und erfülle uns mit Hoffnung
und mit frohem Glaubensmut!

Geist aus Gott, du hehres Brausen,
brich dir in der Kirche Bahn,
stärke unsre müden Kräfte,
lenke uns nach deinem Plan!

Geist aus Gott, du Licht vom Lichte,
ziehe uns in dich hinein!
Lass uns überall auf Erden
Boten deiner Liebe sein!

Geist aus Gott, du Quell der Freiheit,
treibe alle Furcht zurück,
sprenge Mauern, öffne Grenzen,
weite unsern engen Blick!

Geist aus Gott, du milder Tröster,
stille Kummer, Angst und Leid.
Lege auf uns deinen Frieden
und den Glanz der Herrlichkeit!

Geist aus Gott, du heil'ges Feuer,
das herab vom Himmel fällt:
Brenne du in unsern Herzen
und verwandle so die Welt!

Melodie: Holy Spirit, come, confirm us (NEH 140)

O sende, Gott, uns deinen Geist (Pfingstlied)

O sende, Gott, uns deinen Geist,
der uns in alle Wahrheit weist!
Erfülle uns mit seiner Kraft,
die Gutes wirkt und Segen schafft;
lass uns dem Bösen widerstehn
und unsern Weg im Glauben gehn!

O sende, Gott, uns deinen Geist,
der Friede und Versöhnung heißt!
In einer Welt voll Hass und Streit
mach du die engen Herzen weit,
dass Liebe unser Tun regiert
und aus dem Tod ins Leben führt!

O sende, Gott, uns deinen Geist,
der uns aus Angst und Schwermut reißt!
Sei du das Licht, das Hoffnung schenkt
und alle Dunkelheit verdrängt,
dass Freude in den Herzen klingt
und jeder Mund dein Loblied singt!

Melodie: Eternal Father, strong to save (NEH 354)

Als Boten in die Welt gesandt (Pfingstlied)

Als Boten in die Welt gesandt,
um Gottes Reich zu bauen,
lasst uns den Weg des Glaubens gehn
und seiner Kraft vertrauen.

Als Licht an Orte hingestellt,
die tief im Dunkel liegen,
lasst uns, von Christi Geist erfüllt,
die Finsternis besiegen.

Als Salz der Erde ausgestreut,
um Gottes Wort zu künden,
lasst uns getrost und aufrecht sein
und Kleinmut überwinden.

Als Steine an dem Haus des Herrn
bestimmt zu Heil und Leben,
lasst uns mit froher Zuversicht
den Müden Hoffnung geben.

Als Kinder Gottes ausersehn,
um Frieden zu verbreiten,
lasst uns mit Güte und Geduld
die engen Herzen weiten.

Als Christi Leib in ihm vereint,
um aus dem Geist zu handeln,
lasst uns einander lieben und
durch ihn die Welt verwandeln.

Melodie: Mein erst Gefühl sei Preis und Dank (EG 451)

Die Kirche ist ein Leib in dir (Pfingstlied - Ökumene)

Die Kirche ist ein Leib in dir.
Und du, Herr, bist ihr Haupt.
Ein jeder ist ein Glied daran,
der dies bekennt und glaubt.

Und dennoch ist der eine Leib
zerrissen und geteilt.
Herr, wecke Geist und Phantasie,
damit die Wunde heilt!

Wir sollen alle einig sein.
So lautet dein Gebot.
Und lädst du nicht an deinem Tisch
zu *einem* Kelch und Brot?

Hilf uns zur Einsicht, schenke uns
zum Aufbruch frischen Mut!
Denn unter kalter Asche glimmt
noch jetzt die alte Glut.

So führe uns durch deinen Geist
in eine neue Zeit!
Brich Enge und Verkrustung auf
und mach die Herzen weit!

Melodie: Nun danket all und bringet Ehr (EG 322)
oder: The church of God a kingdom is (NEH 483)

Vater, Schöpfer aller Welten (Trinitatislied)

Vater, Schöpfer aller Welten,
so verborgen und doch nah,
Ziel und Ursprung unsres Lebens,
allgewaltig, unsichtbar:
preist ihn, preist ihn, preist ihn, preist ihn,
preist ihn jetzt und immerdar!

Christus, Ebenbild des Vaters,
Mensch geworden in der Zeit,
Brot und Quelle wahren Lebens,
Liebe, die von Schuld befreit:
preist ihn, preist ihn, preist ihn, preist ihn,
preist den Herrn der Herrlichkeit!

Heil'ger Geist, Brunn allen Friedens,
Tröster, dessen Wort uns speist,
Flamme, tief in unsern Herzen,
die der Finsternis entreißt:
preist ihn, preist ihn, preist ihn, preist ihn,
der den Weg zur Freude weist!

Gott, das ewige Geheimnis,
das vor aller Zeit begann
und in seinem tiefsten Wesen
niemand je erfassen kann:
preist ihn, preist ihn, preist ihn, preist ihn,
betet seinen Namen an!

Melodie: Praise, my soul, the king of heaven (NEH 436)

Gott, wir loben dich, den Vater (Trinitatislied)

Gott, wir loben dich, den Vater,
der mit seinem Wink und Ruf
als der Ursprung aller Dinge
dieses Universum schuf.
Du schenkst Atem, Luft und Leben.
Und wir sind in Raum und Zeit
stets von deinem Licht umgeben.
Dir sei Dank in Ewigkeit.

Gott, wir loben dich, den Heiland,
der in unser Leben kam
und die Last und Schuld der Erde
bis zum Kreuze auf sich nahm.
Den Verzagten gabst du Hoffnung.
Enge Herzen wurden weit.
Not und Tod hast du bezwungen.
Dir sei Dank in Ewigkeit.

Gott, wir loben dich, den Tröster,
der als Flamme, Wind und Geist
uns beruft in die Gemeinde,
die dein Heil bekennt und preist.
Du weckst Glauben, stärkst die Schwachen,
trocknest Tränen, linderst Leid
und zeigst uns den Weg zum Frieden.
Dir sei Dank in Ewigkeit.

Gott, wir loben deinen Namen,
der sich herrlich offenbart,
und wir freuen immer wieder
uns an deiner Gegenwart.
Unergründlich und verborgen,
bist du dennoch jederzeit
uns ganz nah mit deiner Liebe.
Dir sei Dank in Ewigkeit.

Melodie: Herz und Herz vereint zusammen (EG 251)

Gott, wie soll mein Sinn dich fassen (Schöpfungslied)

Gott, wie soll mein Sinn dich fassen?
Er muss staunen und erblassen,
wenn er an die Weisheit denkt,
die nun schon Milliarden Jahre
planvoll und auf wunderbare
Art das Universum lenkt.

Unbekannte, fremde Welten,
die als unerreichbar gelten,
füllt dein Wirken bis zum Rand.
Auch entlegenste Regionen
jenseits unsrer Dimensionen
sind von deinem Geist umspannt.

Du bist größer, als wir ahnen.
Sonnen- und Planetenbahnen
in den fernsten Galaxien
folgen einzig deinem Leiten,
wenn sie heute wie vorzeiten
ihre lichten Kreise ziehn.

Da ich deine Werke sehe,
die ich nur begrenzt verstehe,
weil dein Geist zu mächtig ist,
will's mir wie ein Wunder scheinen,
dass du von uns Menschen keinen
jemals preisgibst und vergisst.

Du, den wir doch nie begreifen,
bloß mit unsrer Sehnsucht streifen,
bleibst uns dennoch zugewandt.
Wie das Heer der goldnen Sterne
und des weiten Himmels Ferne
ruhen wir in deiner Hand.

Melodie: Alles ist an Gottes Segen (EG 352)

Bunt und schön ist unsre Welt (Schöpfungslied)

Refrain: Bunt und schön ist unsre Welt,
die deine Hand gemacht!
Herrlich hast du, guter Gott,
sie für uns ausgedacht!

Du schufst die Mutter Erde,
die uns ernährt und hegt
und auf gebahnten Wegen
durchs große Weltall trägt.
Refrain

Du weckst die Welt im Frühling,
hüllst sie ins Sommerkleid,
schmückst sie im Herbst mit Farben,
mit Schnee zur Winterzeit.
Refrain

Du führst die starken Winde,
befiehlst dem rauen Meer.
Du leitest Mond und Sonne
und lenkst das Sternenheer.
Refrain

Von dir kommt alles Leben
in Wasser, Luft und Land.
Auch wir sind deine Kinder
und ruhn in deiner Hand.
Refrain

So legst du, Gott und Vater,
noch täglich eine Spur
von deiner Macht und Güte
im Reiche der Natur.
Refrain

Melodie: All things bright and beautiful (NEH 264)

Die Erde steht im grünen Kleid (Sommerpsalm)

Die Erde steht im grünen Kleid.
Geschmückt sind Tal und Wiese.
Die Blumen blühen weit und breit.
Und eine sanfte Brise
lädt alle ein, im Sonnenschein
auf Wegen und an Hecken
den Sommer zu entdecken.

Die ganze Welt ist voll Gesang.
Es tönen Vogellieder
vom Waldesrand. Ihr froher Klang
hallt von den Hügeln wider.
Die Kreatur in Feld und Flur,
am Fluss und auf der Weide
fühlt Lust und Lebensfreude.

Du schenkst die schöne Sommerzeit
mit ihrem Glanz. Indessen
lass über aller Herrlichkeit
uns nicht dein Wort vergessen.
Der Sommer geht, der Glanz verweht,
weil wir im Winde treiben.
Dein Wort jedoch wird bleiben.

Die Blume welkt, das Gras verdorrt,
was lebt, das muss vergehen.
Du aber, unser Fels und Hort,
wirst immerdar bestehen.
Lass unsern Sinn auch weiterhin,
wenn Feld und Flur verblühen,
in Liebe für dich glühen.

Es mag des Sommers helles Licht
mit seinen Farben bleichen.
Doch Gottes Gnade endet nicht,
wird niemals von uns weichen.
Und einst wird er, der treue Herr,
zum Paradies uns bringen,
wo wir ihm ewig singen.

Melodie: Sommarpsalm (schwedisch)

Kommt, singt dem Gott des Himmels (Erntedank)

Kommt, singt dem Gott des Himmels,
der alle Welten lenkt
und uns aus seiner Fülle
an jedem Tag beschenkt.
Er setzt den Lauf des Jahres
und er bestimmt die Zeit.
Und überall sind Spuren
von seiner Herrlichkeit.

Im Winter lässt er's schneien,
im Frühling Blumen blühn,
im Sommer Felder reifen,
im Herbst die Wälder glühn.
Er schickt den Wind, den Regen
und auch den Sonnenstrahl
und schmückt mit bunten Farben
die Wiesen, Berg und Tal.

Gott sorgt für unsre Erde,
teilt ihre Schätze aus,
krönt Jahr für Jahr mit Güte
und segnet Hof und Haus.
So zeigt er stets aufs Neue,
dass er die Treue hält.
Drum sei ihm Lob gesungen
von uns und aller Welt!

Melodie: Du meine Seele, singe (EG 302)

Es singt der ganze Erdenkreis (Erntedank)

Es singt der ganze Erdenkreis
und preist, Gott, deine Stärke.
Ihr schönster Ausdruck und Beweis
sind deine Wunderwerke.
Du lässt uns Menschen nicht allein.
Aus deinen vollen Händen
schenkst du die Früchte, Korn und Wein.
Dein Reichtum will nicht enden.

Durch Regen, Wind und Sonnenstrahl
lässt du die Saaten sprießen,
deckst uns den Tisch, lädst ein zum Mahl,
damit wir es genießen.
Du reichst den Becher und das Brot
an jedem neuen Morgen,
hilfst Mangel ab und mancher Not
und hörst nicht auf zu sorgen.

Du ewger Quell, wir danken dir
für alle deine Gaben,
aus deren Schatz und Fülle wir
genug zum Leben haben.
Du bist ein Gott, der niemals ruht,
zu helfen und zu heilen
und machst uns Mut, das Hab und Gut
mit andern gern zu teilen.

Wir sind ja nur für kurze Zeit
zu Gast auf dieser Erde.
Herr, lehre uns Bescheidenheit,
dass sie nicht Wüste werde.
Sie soll auch künftig blühn, gedeihn
und noch in vielen Jahren
für alle eine Heimat sein.
Hilf uns, sie zu bewahren!

Melodie: To thee, o Lord, our hearts we raise (NEH 261)

Gott, zeige uns die Wege (Reformationslied)

Gott, zeige uns die Wege
im Dunkel dieser Zeit!
Behüte uns und lege
den Segen wie ein Kleid
um uns. Mit deinem Worte
lenk uns tagaus, tagein!
Es soll an jedem Orte
der Leitstern für uns sein.

Gib Herzen uns, die fragen
nach dir alleine, Herr!
Wehr Zweifeln, Zögern, Zagen
und stärke mehr und mehr
in uns den festen Glauben,
der Angst und Not vertreibt!
Nichts darf den Mut uns rauben,
da dein Wort gilt und bleibt.

Es kann in diesem Leben
nicht unser Tun allein
der Seele Frieden geben.
Lass sie geborgen sein
in deiner reichen Fülle,
die jeden kennt und liebt,
aus Unrast führt zur Stille
und uns die Schuld vergibt.

Verleih uns Kraft zum Handeln
und Eifer zum Gebet,
dass wir die Welt verwandeln
und so das Leid vergeht.
Lass uns zum Segen werden,
wie du in Jesus Christ
uns allen hier auf Erden
ein Trost und Segen bist!

Melodie: Wie lieblich ist der Maien (EG 501)
oder: Wir weihn der Erde Gaben (GL 187)

Hilf uns zu glauben, Gott (Lied zum Buß- und Bettag)

Hilf uns zu glauben, Gott,
in dieser wirren Zeit!
Ihr fehlt so oft der Sinn
für deine Wirklichkeit.

Hilf uns zu hören, Gott,
in dieser lauten Zeit!
Die Ohren sind betäubt
vom vielen Lärm und Streit.

Hilf uns zu sehen, Gott,
in dieser blinden Zeit!
Sie sehnt sich nach dem Licht
in ihrer Dunkelheit.

Hilf uns zu hoffen, Gott,
in dieser müden Zeit!
Oft sind die Herzen schwer
von Angst und Traurigkeit.

Hilf uns zu lieben, Gott,
in dieser rauen Zeit!
Es mangelt ihr so sehr
an echter Menschlichkeit.

Hilf uns zu beten, Gott,
in dieser trüben Zeit!
Sie findet nicht den Weg
aus ihrer Einsamkeit.

Hilf uns zu träumen, Gott,
von einer neuen Zeit!
Gib Frieden uns in dir
und mach die Herzen weit!

Melodie: My Spirit Longs for Thee (NEH 299)

Gott, hilf uns umzukehren (Lied zum Buß- und Bettag)

Gott, hilf uns umzukehren,
dass diese schöne Erde
ein Haus für alle werde
und wir sie nicht zerstören.
Gott, hilf uns umzukehren!

Gott, schenke uns Ideen,
dass wir nach vorne schauen,
bewahren, pflanzen, bauen
und neue Wege gehen.
Gott, schenke uns Ideen!

Gott, wehre Angst und Zagen,
dass wir nicht resignieren,
den Hauch des Geistes spüren
und so den Aufbruch wagen.
Gott, wehre Angst und Zagen!

Gott, lenke Herz und Sinne,
dass Worte Taten werden
und jeder hier auf Erden
mit frohem Mut beginne.
Gott, lenke Herz und Sinne!

Gott, gib uns Kraft zum Handeln,
dass wir einander lieben,
statt Krieg den Frieden üben
und so die Welt verwandeln.
Gott, gib uns Kraft zum Handeln!

Gott, hilf uns umzukehren,
dass wir mit unserm Leben
der Hoffnung Nahrung geben,
indem wir auf dich hören.
Gott, hilf uns umzukehren!

Niemand kann dem Tod entgehen (Totensonntag)

Niemand kann dem Tod entgehen.
Er holt alle einmal ein.
Wenn wir an der Schwelle stehen,
dann, Gott, lass uns nicht allein.

Sende deinen Engel gnädig
auf dem Weg uns zum Geleit,
dass wir, aller Sorgen ledig,
reisen in die Ewigkeit.

Lass uns deine Liebe ahnen,
die nicht rechnet und nicht wägt
und die uns auf lichten Bahnen
bis zu dir hinüberträgt.

Wenn wir auf der andern Seite
schließlich angekommen sind,
nimm uns an dein Herz, bereite
uns das Heil, das nie verrinnt.

Melodie: Jesus Christus, guter Hirte (GL 366)

Wie sich Blätter herbstlich färben (Totensonntag)

Wie sich Blätter herbstlich färben
und verwelken, so muss auch
alles Leben altern, sterben
und entschwinden wie ein Hauch.

Wachsen, Blühen und Vergehen
sind der ganzen Schöpfung Los.
Nichts kann dauerhaft bestehen.
Es kehrt heim in Gottes Schoß.

Freud und Leid, die uns beschieden,
hatten jeweils ihr Gewicht.
Und sie münden in den Frieden,
in die Liebe und das Licht.

Melodie: Jesus Christus, guter Hirte (GL 366)

Jahr der Freude, Jahr der Gnade (Lied zum Kirchenjahr)

Jahr der Freude, Jahr der Gnade,
uns von deiner Hand geschenkt,
Leuchtspur auf dem Lebenspfade,
die uns durch die Zeiten lenkt:
Immer wieder kommt dein Segen
uns auf diesem Weg entgegen,
stärkt den Glauben, weckt den Mut,
schürt das Feuer, nährt die Glut.

In den tiefsten Dunkelheiten
ging der Stern der Hoffnung auf.
Über Not und Traurigkeiten
nahm er strahlend seinen Lauf.
Erd' und Himmel zu verbinden
und den Frieden zu verkünden,
glänzte er vom Firmament,
Bild und Bote des Advent.

Engelscharen, hergesendet,
lobten Gott und seine Macht.
Hirten standen wie geblendet,
denn so heilig war die Nacht.
Und die Botschaft, die sie alle
rief nach Bethlehem zum Stalle,
machte die Verheißung wahr
und den Retter offenbar.

Gott von Gott und Licht vom Lichte,
trat der Herr der Herrlichkeit
fern vom Puls der Weltgeschichte
arm und schlicht in Raum und Zeit.
Doch auf wunderbare Weise
zog sein Tun bald weite Kreise.
Wo er hinkam, wo er sprach,
eilten ihm die Menschen nach.

Freunde fand er und Gefährten,
und ein Aufbruch ging durchs Land.
Aber bei den Schriftgelehrten
stieß er rasch auf Widerstand,
weil, was er da tat und lehrte,
die gewohnte Ordnung störte
und sie aufzulösen schien.
Darum kreuzigten sie ihn.

Er starb einsam und verlassen
an dem Holz auf Golgatha.
Niemand konnte wirklich fassen,
was nur kurz darauf geschah.
Im Geheimen, tief verborgen,
gab am frühen Ostermorgen
Fels und Grab den Toten frei.
Und die Hoffnung blühte neu.

Aus dem kühlen Schoß der Erde
drang empor der junge Keim,
und mit segnender Gebärde
fuhr der Auferstandne heim.
Doch im Geist hielt er beständig
die Erinnerung lebendig,
wehrte Ohnmacht, Schmerz und Leid,
und die Herzen wurden weit.

Glauben einte die Gemeinde,
und sie wuchs an Kraft und Zahl.
Selbst so mancher ihrer Feinde
nahm bekehrt das Abendmahl.
Helfen, Lieben und Verzeihen
schuf Vertrauen, schloss die Reihen,
stets im Innersten gespeist
durch Gott Vater, Sohn und Geist.

Jahr der Freude, Jahr der Gnade,
uns von deiner Hand geschenkt,
Leuchtspur auf dem Lebenspfade,
die uns durch die Zeiten lenkt:
So getragen und begleitet,
sehen wir das Heil bereitet,
das für uns in Jesus Christ
immer schon im Kommen ist.

Melodie: Alle Menschen müssen sterben (EG RWL 694)

Als wäre ich dabei gewesen (Glaubenslied)

Als wäre ich dabei gewesen,
so sehe ich das Bild vor mir,
wie du einst durch die Dörfer zogest,
die Schar der Jünger neben dir,
und wie die Menschen zu dir eilten
aus Gassen, Hütten, Hof und Feld
mit ihren Ängsten, ihren Sorgen
und allem Kummer dieser Welt.

Du sahst die Sehnsucht in den Augen
der Kranken und das viele Leid.
Du hörtest das Geschrei, den Jammer,
den Chor aus Not und Traurigkeit.
Da waren Blinde, Lahme, Taube,
Gebeugte auch in ihrem Gram.
Und alle brachten ihre Klagen
vor dich, der da vorüberkam.

Die einen nahmen deine Hände,
die andern fielen auf die Knie.
Wie Schafe ohne einen Hirten
und ganz verloren waren sie.
So streckten sie sich dir entgegen,
die müden Augen himmelwärts,
und flehten innig um Erbarmen,
um Trost in ihrem tiefen Schmerz.

Du sprachst zu ihnen von der Liebe,
die Gott für alle Menschen hegt,
von Seligkeit für solche, denen
der Himmel Schweres auferlegt.
Die Kranken fanden bei dir Heilung.
Und auch Lepröse, die ganz wund
im Staub am Rand des Weges lagen
und litten, machtest du gesund.

Ja, selbst den Toten in den Gräbern,
mit Leichentüchern zugedeckt,
half deine Macht zurück ins Leben.
Dein Zuruf hat sie auferweckt.
Die Menschen waren überwältigt,
als sie die Wundertaten sahn.
Sie lobten staunend Gott und sprachen:
Der Herr hat alles wohl getan!

Ich habe dieses Bild vor Augen
und trage es in meinem Sinn.
Und immer zieht es mich aufs Neue
mit seinem Glanze zu sich hin.
Es ist der reinste Ausdruck dessen,
was man gelegentlich vergisst:
dass Christentum im Geiste Jesu
nur Liebe, nichts als Liebe ist.

Melodie: Wie groß ist des Allmächtgen Güte (EG RWL 662)

Gottesdienst und Feier

Gott, wie schön ist deine Wohnung (Eingangslied)

Gott, wie schön ist deine Wohnung,
voller Herrlichkeit und Licht,
Ort der Freude und des Friedens,
der von deiner Liebe spricht,
Luft zum Atmen, Raum zum Rasten
unter deinem Angesicht!

Lass uns deine Nähe spüren!
Wo wir müde sind und matt,
stärke unsre schwachen Kräfte!
Still den Hunger! Mach uns satt
durch dein Wort, das Trost und Wahrheit,
Geist und Leben in sich hat!

Rühr uns an mit deiner Güte,
tritt in unsre Mitte ein!
Sammle uns an deinem Tische,
speise uns mit Brot und Wein!
Unser Beten, Singen, Hören
lass von dir gesegnet sein!

Melodie: Jesus, du bist hier zugegen (GL 492)

Alle dürfen zu dir kommen (Eingangslied)

Alle dürfen zu dir kommen.
Du rufst nicht allein die Frommen,
Herr, mit deinem guten Wort,
hältst die Tür für alle offen,
die auf deine Liebe hoffen,
und schickst keinen Menschen fort.

Du lädst Arme und Beschwerte,
Kranke, Müde und Versehrte
in dein Haus zur Feier ein,
nimmst die Ängste und die Sorgen
ihnen ab. Sie sind geborgen
und fortan nicht mehr allein.

Niemand klopft bei dir vergebens.
Du reichst selbst das Brot des Lebens
dem, der Not und Hunger hat.
Wunde Seelen, matte Glieder
fühlen neue Kräfte wieder.
Bei dir, Herr, wird jeder satt.

Da verstummen unsre Klagen
und die ungelösten Fragen,
wo dein Wort zum Herzen spricht.
Unsre Wege sind verschieden,
doch wir alle finden Frieden,
Herr, in deinem Haus und Licht.

Melodie: Alles ist an Gottes Segen (EG 352)

Du Lebenslicht, verlass uns nicht (Ausgangslied)

Du Lebenslicht,
verlass uns nicht,
strahl hell in unsre Zeit!
Behüte uns auf Schritt und Tritt!
Wo wir auch gehen, geh du mit
und gib uns das Geleit!

Du Lebenswort,
an jedem Ort
schenk einen frohen Mut,
dass Zweifel weicht und Sorge flieht
und unser Herz, was auch geschieht,
in deinem Frieden ruht.

Du Lebensbrot,
nähr in der Not
uns stets mit deinem Geist,
dass er uns stärkt mit seiner Kraft,
den Willen lenkt, das Gute schafft
und rechte Wege weist.

Du Lebensquell,
Immanuel,
lass uns tagaus, tagein
erlöst und frei durchs Leben gehen,
in deinem Heil und Lichte stehn
und so gesegnet sein.

Du Morgenstern und Heil der Welt (Tauflied)

Du Morgenstern und Heil der Welt,
du Licht, das uns den Tag erhellt,
du Quell, aus dem das Leben rinnt:
Sieh segnend jetzt auf dieses Kind.

Behüte es auf Schritt und Tritt,
geh achtsam seine Wege mit,
stärk ihm das Herz und den Verstand
und halt es fest an deiner Hand.

Sei du ihm stets ein treuer Freund,
ob's regnet, ob die Sonne scheint.
Und hilf auch uns, dass wir dem Kind
verlässliche Gefährten sind.

Erhalt es fröhlich und gesund
und schließe nun mit ihm den Bund.
Die Taufe soll jahraus, jahrein
das Siegel dieses Bundes sein.

Melodie: Nun jauchzt dem Herren alle Welt (EG 288)

Fließe, Wasser; ströme, Licht! (Tauflied)

Fließe, Wasser; ströme, Licht!
Hebe, Gott, dein Angesicht
heute über dieses Kind,
dessen Weg mit dir beginnt!

Ohne Flut und Sonnenschein
kann das Leben nicht gedeihn.
Du, der Schöpfer dieser Welt,
bist es auch, der sie erhält.

Unsre Macht ist sehr begrenzt,
wird sie nicht durch dich ergänzt.
Nimm das Kind in deine Hut.
Schenk ihm Liebe, Kraft und Mut.

Steh auf seinem Lebensweg
ihm zur Seite, Herr, und leg
ihm in Freude und im Schmerz
deinen Frieden in sein Herz.

Froh und dankbar bringen wir
heute dieses Kind zu dir.
Durch die Taufe wird es dein
und so stets gesegnet sein.

Melodie: Meinem Gott gehört die Welt (EG 408)

Für alle ist das Mahl gedeckt (Abendmahlslied)

Für alle ist das Mahl gedeckt.
So seid willkommen! Seht und schmeckt,
wie gut der Herr es mit uns meint,
der uns an seinem Tisch vereint.

Geheimnisvoll und wunderbar
bringt er sich selbst als Speise dar,
lädt Fromme und auch Sünder ein
und lässt sie seine Gäste sein.

Es stehen Brot und Wein bereit.
So öffnet eure Herzen weit
und traut auf Jesu Gegenwart,
die sich dem Glauben offenbart.

Dies ist's, worauf das Heil beruht:
das Brot sein Leib, der Wein sein Blut.
Ihm zum Gedächtnis nehmt und teilt,
was Geist und Seele stärkt und heilt.

Für alle ist das Mahl gedeckt.
So seid willkommen! Seht und schmeckt!
Am Tische kommt der Herr uns nah
zum Heil der Welt. Halleluja.

Melodie: Herr Jeus Christ, dich zu uns wend (EG 155)
oder: Komm, Schöpfer Geist, kehr bei uns ein (GL 351)

Kommt, denn alles ist bereit! (Abendmahlslied)

Kommt, denn alles ist bereit!
Unser Herr der Herrlichkeit
lädt zum Mahle ein.
Er gewährt euch stille Rast.
Jeder Mensch mit seiner Last
soll willkommen sein.

Nehmt die Speise und den Trank,
hebt die Augen und sagt Dank
dem, der Hoffnung gibt.
Auch die Seele wird geheilt,
wenn ihr seine Gaben teilt
und einander liebt.

Über Bitten und Verstehn
sollt ihr das Geheimnis sehn
an dem Tisch des Herrn:
Er, der starb und auferstand,
reicht im Mahl euch seine Hand
und bleibt keinem fern.

Spürt den Frieden, seht das Licht,
das euch wahren Trost verspricht
und den Weg erhellt!
Christi Gaben, Wein und Brot,
schenken Freude, lindern Not.
Lobt den Herrn der Welt!

Melodie: Eine große Stadt ersteht (GL 479)

Du brauchst einen Freund im Leben (Konfirmation/Firmung)

Du brauchst einen Freund im Leben,
der dich kennt und dich versteht
und der heute und auch morgen
deine Wege mit dir geht.
Du brauchst einen, dem du alles
sagen kannst, was dich berührt,
der dich aber auch, wenn nötig,
ab und zu mal korrigiert.

Du brauchst einen Freund im Leben,
der dich liebt, so wie du bist,
und der ohne viele Worte
stets an deiner Seite ist.
Du brauchst einen, der Versagen
und auch Fehler gern verzeiht
und der alles von dir annimmt,
auch die Unvollkommenheit.

Du brauchst einen Freund im Leben,
der verschwiegen ist und fest
und der auch in schweren Stunden
dich nicht einfach fallen lässt.
Du brauchst einen, der dir aufhilft,
wenn du einsam bist und matt
und der immerzu ein offnes
Ohr für deine Sorgen hat.

In der Taufe hat dir Jesus
seine Hand zum Bund gereicht
und für alle Zeit versprochen,
dass er niemals von dir weicht.
Du hast einen Freund im Leben,
der nicht rechnet und nicht wägt,
aber der mit seiner Liebe
dich auf allen Wegen trägt.

Melodie: O Durchbrecher aller Bande (EG 388)

Wir stehen heute vor dir, Gott (Traulied)

Wir stehen heute vor dir, Gott,
und reichen uns die Hände.
Lass deinen Segen auf uns ruhn,
dass er den Bund vollende.

Du hast die Liebe uns geschenkt,
die schönste deiner Gaben.
Was nutzen denen Gut und Geld,
die keine Liebe haben?

Wir gehen unsern Lebensweg
von nun an stets zu zweien.
Gib deine Gnade, Herr, dazu,
schenk Frieden und Gedeihen.

Lass das Vertrauen zwischen uns
noch wachsen mit den Jahren
und darin Kraft, Geborgenheit
und festen Halt erfahren.

So wollen wir in deinem Sinn
es miteinander wagen:
des Lebens Glück und auch die Last
als Paar gemeinsam tragen.

Vor allem aber bitten wir
zu dieser Feierstunde,
dass du, o Gott, die Mitte bleibst
in unserm Lebensbunde.

Melodie: Ich liege, Herr, in deiner Hut (GL 99)

Morgen und Abend

Leite mich, mein Herr und Gott (Morgenlied)

Leite mich, mein Herr und Gott,
lenke Herz und Sinne,
dass ich diesen Tag mit dir
frohgemut beginne.

Leite mich, mein Herr und Gott,
lenke meine Seele,
dass ich weise und bedacht
stets das Rechte wähle.

Leite mich, mein Herr und Gott,
lenke meine Worte,
dass sie gut und hilfreich sind,
je nach Zeit und Orte.

Leite mich, mein Herr und Gott,
lenke meine Taten,
dass, von deinem Geist erfüllt,
sie mir wohl geraten.

Leite mich, mein Herr und Gott,
lenke all mein Streben,
dass ich andern helfen kann,
glücklicher zu leben.

Leite mich, mein Herr und Gott,
lenke meinen Willen,
Gib mir Liebe. Sie allein
kann die Sehnsucht stillen.

Melodie: Seht, die gute Zeit ist nah (EG 18 ohne Begleitstimmen)

Des Morgens rühm' ich deine Güte

Des Morgens rühm' ich deine Güte
und singe dir ein frohes Lied,
denn du lässt uns das Licht erstrahlen,
vor dessen Glanz das Dunkel flieht.
Du hast uns durch die Nacht getragen,
in der die Welt in Träumen lag.
Nun weckt dein Ruf, mein Gott, die Sonne
und schenkt uns einen neuen Tag.

Noch liegt der Tau auf Feld und Wiesen,
den jetzt die warme Sonne trinkt.
Noch hängt der Dunst im feuchten Grunde,
wo schon der Lerchenjubel klingt.
Durch graue Schleier tritt der Morgen
aus Nacht und Dämmerung ins Licht.
Die Schöpfung spiegelt deine Liebe
und atmet Mut und Zuversicht.

Die Sterne bleichen hoch am Himmel.
Auf Wiesen glitzert frisches Grün.
Die Wolken röten sich im Schimmer
des Sonnenlichts. Die Felder glühn
in Farbenpracht. Ihr bunter Reigen
wiegt sich im hellen Blütenkleid.
Die Erde gleicht dem Garten Eden
und rühmt, Gott, deine Herrlichkeit.

Drum will auch ich dich dankbar preisen
mit meiner Seele, meinem Lied.
Ich leg den Tag in deine Hände
und mit ihm alles, was geschieht.
Du kommst mir täglich neu entgegen
und lädst mein Herz zur Freude ein.
Welch ein Geschenk ist es, zu leben
und Teil von deiner Welt zu sein!

Melodie: Nun saget Dank und lobt den Herren (EG 294)

Wach auf , o Seele, es ist Zeit (Morgenlied)

Wach auf, o Seele, es ist Zeit,
das Morgenrot zu wecken,
um deines Schöpfers Herrlichkeit
aufs Neue zu entdecken!
Lob sei Gott, Halleluja, Halleluja!

Du findest seiner Liebe Spur
auf allen deinen Wegen.
Drum sei getrost! Vertrau ihm nur,
schon kommt er dir entgegen.
Lob sei Gott, Halleluja, Halleluja!

Er ist ein Gott, der niemals weicht
und lohnt all deine Mühen.
Denn seine große Güte reicht,
so weit die Wolken ziehen.
Lob sei Gott, Halleluja, Halleluja!

In Dunkelheit ist er dein Licht,
im Mangel deine Fülle,
in Ängsten deine Zuversicht,
in Unrast deine Stille.
Lob sei Gott, Halleluja, Halleluja!

Und deshalb, Seele, sei bereit
und preise seinen Namen!
Begrüß den Tag mit Dankbarkeit!
Du bist gesegnet. Amen.
Lob sei Gott, Halleluja, Halleluja!

Melodie: Gelobt seist du, Herr Jesu Christ (GL 375)

Der Glanz der Sterne (Abendlied)

Der Glanz der Sterne aus weiter Ferne
tauch die Erde in milden Schein.
Ihr Silberreigen lädt uns zum Schweigen
und die Schöpfung zur Ruhe ein.
Von Tages Lasten dürfen wir rasten.
Auf Not und Kummer legt sich der Schlummer
mit seiner sanften und bergenden Macht.
Im Raum der Stille weht Gottes Wille
und seine Treue schenkt uns aufs Neue
den tiefen Frieden im Schatten der Nacht.

Die Stunden schreiten im Fluss der Zeiten.
Jedes Dunkel wird wieder Licht.
Der Nacht folgt immer ein Morgenschimmer.
Gottes Liebe verlässt uns nicht.
Wenn wir jetzt schlafen, bleibt er der Hafen,
wacht über allen mit Wohlgefallen
und legt den Segen aufs träumende Land.
So wirkt Gott leise nach alter Weise
und wird auch morgen gut für uns sorgen.
Über uns waltet die ewige Hand.

Melodie: In dir ist Freude (EG 398; moderato)

Die Sonne sinkt (Abendlied)

Die Sonne sinkt und hüllt die Welt
in milden Abendschein.
Wie wenn ein Vorhang leise fällt,
kehrt tiefe Stille ein.

Behutsam naht die dunkle Nacht,
bringt die Natur zur Ruh
und deckt mit ihrem Mantel sacht
die Last des Tages zu.

Sie trocknet Tränen, lindert Leid,
besänftigt Angst und Schmerz
und hält zum Trost den Schlaf bereit
für jedes müde Herz.

Du, Gott, der Zeit und Stunde lenkt,
hast weise und bedacht
den steten Wechsel uns geschenkt
vom Tag und von der Nacht.

Birg uns in deiner Liebe nun,
die alle Nacht erhellt.
Lass Jung und Alt in Frieden ruhn
und segne unsre Welt.

Melodie: As now the sun's declining rays (NEH 242)

Leise geht der Tag zu Ende (Abendlied)

Leise geht der Tag zu Ende.
Seine Last und auch sein Glück
bringe ich vor dich und gebe
die geschenkte Zeit zurück.
Alles lasse ich nun ruhen,
was mir dieser Tag gebracht,
suche nur noch deine Nähe
und den Frieden in der Nacht.

Sinkt die Welt hinab ins Dunkel,
strahlt mir heller, Gott, dein Licht.
Und in seinem milden Glanze
kümmern mich die Sorgen nicht.
Hüllt sich die Natur in Schweigen,
wird auch meine Seele still.
Satt von Hast und Lärm des Tages,
bist du alles, was sie will.

Lass mich deine Stimme hören,
die besänftigt und befreit.
Lass mich deinen Atem spüren,
Gott, und deine Freundlichkeit.
Lasse Mond und Sterne wandern
an dem hohen Himmelszelt,
und so breite deinen Segen
über mich und alle Welt.

Melodie: Nun gehören unsre Herzen (EG 93)

Der Tag geht zur Neige (Abendlied)

Der Tag geht zur Neige.
Die Nacht zieht herauf.
So dreht sich die Erde
in ewigem Lauf.
Du Lenker der Welten,
nimm uns an die Hand
und lege den Frieden
aufs schweigende Land.

Du führst uns am Tage.
Du wachst in der Nacht
und birgst uns in deiner
behütenden Macht.
Vollende und segne,
was heute geglückt,
und heile im Herzen,
was quält und bedrückt.

Du selbst bist der Friede.
Die Stille bist du.
So bring die Gedanken
und Sorgen zur Ruh.
Die Welt sinkt ins Dunkel.
Wir fürchten uns nicht.
Denn auch in den Nächten
bleibst du unser Licht.

Melodie: Away in a manger (NEH 22)

Es kommt die Nacht (Abendlied)

Es kommt die Nacht. Der Tag entschwindet
und mit ihm seine Müh' und Last.
Damit die Welt Erholung findet,
schenkst du ihr die ersehnte Rast.

Und während sich die Stunden neigen,
verstummt der Lärm. Mit sanfter Hand
legst du wie reinigend ein Schweigen
und tiefe Stille übers Land.

Und nichts soll nun die Ruhe stören,
kein Kummer, Ärger oder Streit.
Allein die Stille lass uns hören,
den reinen Klang der Ewigkeit.

Bei dir, du treuer Gott, ist Frieden.
So halte über uns die Wacht.
Gib Trost den Kranken, Schlaf den Müden
und allen eine gute Nacht.

Melodie: Der Tag, mein Gott, ist nun vergangen (EG 266)

Wenn der Tag zu Ende geht (Abendlied)

Wenn der Tag zu Ende geht,
weicht die Hast, der Lärm verweht.
Lass in deiner Liebe Schein
uns geborgen sein.

Unsre Arbeit ist vollbracht
und es naht die dunkle Nacht.
Doch du bleibst stets unser Licht
und verlässt uns nicht.

Du stillst Kummer, Not und Leid
und besänftigst Hass und Streit,
nimmst dem Herzen seine Last,
schenkst ihm Trost und Rast.

Immer wieder, Herr, deckst du
Angst und Sorgen gnädig zu.
Alles rückt dein gutes Wort
an den rechten Ort.

Lass in deinem Frieden nun
Leib und Geist und Seele ruhn.
Breite deinen Segen aus
über jedes Haus.

Melodie: Holy Father, cheer our way (NEH 246)

Die Woche geht zu Ende (Wochenschlusslied)

Die Woche geht zu Ende.
Und mit ihr fließt die Zeit
zurück in deine Hände,
ins Meer der Ewigkeit.
Die Stunden, die entfliehen,
sind immer nur geliehen.
Bleib bei uns, bleib bei uns,
segne uns, o Gott!

An Mühen und an Sorgen
war manches uns beschert.
Die Frucht ist uns verborgen.
Nur du kennst ihren Wert,
da wir nun vor dich bringen
Versäumtes und Gelingen.
Bleib bei uns, bleib bei uns,
segne uns, o Gott!

Wenn wir auf dich vertrauen,
hat unser Tun Bestand,
weil wir auf Felsen bauen
und nicht auf weichen Sand.
So führ uns durch die Zeiten
bis in die Ewigkeiten.
Bleib bei uns, bleib bei uns,
segne uns, o Gott!

Melodie: Geleite durch die Welle (Adoremus 227; allegro)

Klage- und Vertrauenslieder

Ich lebe immer im Advent

Ich lebe immer im Advent,
weil diese Zeit die Sehnsucht kennt
nach Gott und seinem Lichte.
Die Welt kann mir nicht Heimat sein.
Sie lässt mich schließlich doch allein.
Und alles wird zunichte.

In Gott ist Heil, in ihm ist Ruh.
Drum strebt ihm meine Seele zu,
damit sie Frieden findet.
Es strecken sich mein Geist und Sinn,
bis ich dort angekommen bin,
wo alles Dunkel schwindet.

Den Frieden, den mir diese Welt
mit ihrem Treiben vorenthält,
den kann nur Gott mir geben.
Der alle Fülle in sich hat,
der macht die Seele reich und satt
und schenkt ihr wahres Leben.

Ich lebe immer im Advent,
weil in mir das Verlangen brennt
nach Gottes Angesichte.
Er ist das Ziel. Denn nach der Zeit,
da stehe ich, von Not befreit,
in seinem Glanz und Lichte.

Melodie: Kommt her zu mir, spricht Gottes Sohn (EG 363)
oder: Der du die Zeit in Händen hast (EG 64)

Ich bringe vor dich meine dunklen Gefühle

Ich bringe vor dich meine dunklen Gefühle.
Erbarme dich meiner und schenk mir dein Licht.
Ich bringe vor dich meine trüben Gedanken.
Erbarme dich meiner, Herr, weite die Sicht.

Ich bringe vor dich all die Last meines Lebens.
Erbarme dich meiner, trag du sie für mich.
Ich bringe vor dich meine drückenden Sorgen.
Erbarme dich meiner, Herr, nimm sie auf dich.

Ich bringe vor dich meine lähmende Schwermut.
Erbarme dich meiner und treibe sie fort.
Ich bringe vor dich meine nagenden Zweifel.
Erbarme dich meiner, Herr, sprich nur ein Wort.

Ich bringe vor dich meine Narben und Wunden.
Erbarme dich meiner und mache mich heil.
Ich bringe vor dich meine Sehnsucht nach Liebe.
Erbarme dich meiner, Herr, bleibe mein Teil.

Ich bringe vor dich meine Ängste und Zwänge.
Erbarme dich meiner und mache mich frei.
Ich bringe vor dich meine innere Armut.
Erbarme dich meiner, Herr, schaffe mich neu.

Nach Helmut Schlegel

Du bist meines Lebens Fülle

Du bist meines Lebens Fülle
und in Finsternis mein Licht,
führst aus Unrast mich zur Stille
und aus Angst zur Zuversicht.
Bin ich schwach, gibst du mir Stärke,
bin ich wund, machst du mich heil.
Und selbst, wenn ich es nicht merke,
bleibst du immer doch mein Teil.

Meinen Durst stillt deine Quelle,
meinen Hunger nährt dein Brot.
Bei Gefahr bist du zur Stelle
und mein Helfer in der Not.
Auch wenn ich den Weg nicht sehe,
führt er dennoch auf dich zu.
Denn ganz gleich, wohin ich gehe:
Du bist Ziel, Gott, immer du!

Melodie: O Durchbrecher aller Bande (EG 388)

Gott, schick mir einen Engel

Gott, schick mir einen Engel,
der immer mit mir geht
und auf dem Lebenswege
mir treu zur Seite steht.

Gott, schick mir einen Engel
zum Schutze und Geleit.
Sonst bin ich ganz verloren
in meiner Einsamkeit.

Gott, schick mir einen Engel
in meine Seelennot.
Ich fühle mich bisweilen
so wehrlos und bedroht.

Gott, schick mir einen Engel,
der mich in Ängsten trägt
und tröstend seine Hände
auf meine Schultern legt.

Gott, schick mir einen Engel,
der wie ein warmes Licht
auch noch in schwersten Stunden
ein Wort der Hoffnung spricht.

Gott, schick mir einen Engel,
der segnend mich umgibt
und mir in meinen Zweifeln
nur sagt: Du bist geliebt!

Melodie: Ach bleib mit deiner Gnade (EG 347)
oder: Wir sind nur Gast auf Erden (GL 505)

Ein Wort, das die Suchenden lenket

Ein Wort, das die Suchenden lenket,
ein Licht, das der Dunkelheit wehrt,
ein Quell, der die Durstigen tränket,
ein Brot, das die Hungrigen nährt:
Dies alles, dies alles und mehr
ist Jesus, der Heiland und Herr.

Ein Bote, der Frieden verkündet,
ein Lehrer, der Herzen bewegt,
ein Arzt, der die Wunden verbindet,
ein Fels, der die Strauchelnden trägt:
Dies alles, dies alles und mehr
ist Jesus, der Heiland und Herr.

Ein König, der hingeht und leidet,
ein Knecht, der im Tod triumphiert,
ein Hirt, der die Schafherde weidet
und sie in die Ewigkeit führt:
Dies alles, dies alles und mehr
ist Jesus, der Heiland und Herr.

Tief in mir verborgen

Tief in mir verborgen
klingt ein Lied für dich,
zärtlich wie ein leiser,
sanfter Bogenstrich.

Tief in mir verborgen
lebt in mir dein Wort
wie ein Heimathafen
und ein Zufluchtsort.

Tief in mir verborgen
sehn' ich mich nach dir
wie ein müder Wandrer
nach dem Nachtquartier.

Tief in mir verborgen
suche ich dein Licht,
das mit seinem Glanze
meine Nacht durchbricht.

Tief in mir verborgen
strebt mein Herz dir zu,
denn den wahren Frieden
schenkst, mein Gott, nur du.

Melodie: Abend wird es wieder (Volkslied)

All' mein Verlangen, Gott, bist du

All' mein Verlangen, Gott, bist du.
Ich such' dein Antlitz immerzu,
das sich in Dunkel hüllet.
Du wohnst verborgen. Doch in mir
ist unentwegt ein Durst nach dir,
der meine Sehnsucht stillet.

Du bist das Leben und das Licht.
Was mir die Welt an Glück verspricht,
wird wie ein Nebel schwinden.
Bei dir allein, der niemals trügt,
ist Liebe, die den Tod besiegt,
und wahrer Trost zu finden.

Wo find' ich Ruh', wenn nicht in dir,
wo Frieden, wenn ich dich nicht spür,
wo Nachsicht, wenn ich fehle?
Von dir, der nichts als Liebe denkt,
wird alles mir umsonst geschenkt.
Du, Herr, heilst meine Seele.

Du wohnst im Dunkel, denn dein Licht
ertragen unsre Augen nicht.
Und doch bist du zugegen.
So bleib in mir, wie ich in dir,
dass ich die Hoffnung nie verlier.
Leg auf mich deinen Segen.

Melodie: Der du die Zeit in Händen hast (EG 64)
oder: Kommt her zu mir, spricht Gottes Sohn (EG 363)

In deines Herzens Mitte

In deines Herzens Mitte
wohnt Gott auf leise Art.
Vertrau bei jedem Schritte
der stillen Gegenwart!

Im großen Weltgetriebe,
das rastlos drängt und lärmt,
umgibt dich seine Liebe,
die Frieden schenkt und wärmt.

Wenn Unheil dir begegnet,
muss dir nicht bange sein.
Er, der dich kennt und segnet,
lässt dich doch nie allein.

Und geht dein Weg zu Ende,
dann fürcht' das Dunkel nicht!
Gott reicht dir seine Hände
und holt dich heim ins Licht.

Melodie: Wir sind nur Gast auf Erden (GL 505)
oder: Ach bleib mit deiner Gnade (EG 347)

Sei du mein Ein und Alles, Herr

Sei du mein Ein und Alles, Herr,
mein Tröster und mein Teil
und führe mich je mehr und mehr
zu dir, dem wahren Heil!

Sei du die Quelle, die mich tränkt,
das Brot, das mich ernährt,
das Licht, das meine Schritte lenkt
und allem Dunkel wehrt.

Sei du die Brücke, die mich trägt,
der Hirte, der mich führt,
der Adler, der mich schützt und hegt,
wenn meine Seele friert.

Sei du der Fels, der niemals wankt,
die Luft, die mich umweht,
der Hort, nach dem mein Herz verlangt,
der Freund, der mit mir geht.

Sei du der Tau, der mich belebt,
das Kleid, das mich umhüllt,
der Hafen, der, wenn's stürmt und bebt,
den Geist mit Frieden füllt!

Sei du mein Ein und Alles, Herr,
mein Tröster und mein Teil
und führe mich je mehr und mehr
zu dir, dem wahren Heil!

Melodie: Nun danket all und bringt Ehr (EG 322)

Quelle allen Lichtes, Gott

Quelle allen Lichtes, Gott,
leucht in meine Tage,
dass ich, was dein Ruf verlangt,
zuversichtlich wage.

Quelle aller Güte, Gott,
lass mich dich erkennen!
Weder Unglück noch Gefahr
soll mich von dir trennen.

Quelle aller Sehnsucht, Gott,
segne all mein Mühen.
Was in mir versandet ist,
bringe neu zum Blühen!

Quelle allen Trostes, Gott,
heile meine Wunden.
Lass mich durch dein gutes Wort
innerlich gesunden!

Quelle aller Hoffnung, Gott,
wehre Angst und Sorgen.
Lege auf mich deine Hand.
Dann bin ich geborgen.

Quelle aller Freude, Gott,
gib dem Tun Gelingen.
Bring mein Herz durch deinen Geist
immer neu zum Klingen!

Quelle aller Liebe, Gott,
wärme meine Seele,
dass ich, wenn mich jemand fragt,
ihm von dir erzähle.

Melodie: Seht, die gute Zeit ist nah (EG 18 ohne Begleitstimmen)

Wir sind in Gottes Händen

Wir sind in Gottes Händen
an jedem Morgen neu.
So vieles mag sich wenden.
Gott aber bleibt uns treu.
Es liegt auf unserm Pfade
mal Schatten und mal Licht.
Doch Gottes Heil und Gnade
verlässt die Seinen nicht.

Gott, der in alten Zeiten
ein treuer Hirte war,
steht so auch uns zur Seiten
und führt uns Jahr um Jahr.
Auch noch nach unserm Ende
ist er uns Fels und Hort.
Die starken Gotteshände,
die tragen hier wie dort.

Melodie: Valet will ich dir geben (EG 523)

Wie das Korn der Erde

Wie das Korn der Erde uns den Hunger stillt
und der Saft der Reben uns den Becher füllt,
so bist du uns täglich Quell und Lebensbrot,
Nahrung für die Seele, Stärkung in der Not.

Wie der Frühjahrsregen sanft die Felder tränkt,
bis durch harte Kruste Keim und Blüte drängt,
so nimmst du die Kälte, Herr, aus unserm Sinn
und führst uns zur Liebe und zum Nächsten hin.

Wie der Nächte Schatten vor der Sonne flieht,
bis ihr Glanz die Erde golden überzieht,
so weicht alle Sorge, Herr, vor deinem Licht,
und wir atmen Freiheit, Trost und Zuversicht.

Wie ein Boot uns sicher durch die Wellen trägt,
bis die Winde schweigen und der Sturm sich legt,
so schenkst du uns Frieden, Herr, im Fluss der Zeit
und bleibst Hort und Hafen bis in Ewigkeit.

Melodie: Gottheit tief verborgen (GL 497)

Du Hirte und Hüter des Lebens

Du Hirte und Hüter des Lebens,
du Felsen im Flusse der Zeit,
du Ziel meines Suchens und Strebens,
du Anker in Freude und Leid:
Du führst meine Schritte ins Weite
und stehst, was auch immer geschieht,
mir treu und verlässlich zur Seite.
Denn du bist ein Gott, der mich sieht.

Ich muss mich vor dir nicht verstecken.
Du kennst mich, mein Gott, ohnehin,
mit all meinen Kanten und Ecken
und nimmst mich so an, wie ich bin.
Und weil auf den wechselnden Wegen
sich nichts deinem Blicke entzieht,
ruht alles im Lichte und Segen.
Denn du bist ein Gott, der mich sieht.

Und quälen mich Ängste und Sorgen,
holt innere Unrast mich ein,
dann weiß ich mich dennoch geborgen.
Bei dir, Gott, bleibt niemand allein.
Du wendest die Not und die Klage,
dass Kleinmut und Kummer entflieht.
Da leuchtet die Nacht wie am Tage.
Denn du bist ein Gott, der mich sieht.

Ich spüre im Kommen und Gehen,
dass du mich bedingungslos liebst
und weit über Bitten und Flehen
mit Gnade und Frieden umgibst.
So lässt du im Lichte mich leben.
Drum will ich dich preisen im Lied
und froh deinen Namen erheben.
Denn du bist ein Gott, der mich sieht.

Ich und Du

Ich bin durstig, du die Quelle,
ich bin hungrig, du das Brot,
das mich nährt auf allen Wegen
und erquickt in jeder Not.

Ich bin schwach, du bist die Stärke,
ich bin elend, du die Kraft,
die mir aufhilft, wenn ich falle,
und aus Mangel Fülle schafft.

Ich bin unruhig, du der Friede,
ich bin rastlos, du mein Hort,
der mir Schutz gibt in Gefahren
und mich trägt mit seinem Wort.

Ich bin einsam, du die Zuflucht,
ich bin zaghaft, du der Mut,
der die Angst in Freude wandelt
und mir täglich Gutes tut.

Ich bin nichts. Du, Gott, bist alles,
Halt und Hoffnung, Trost und Teil.
Durch dich stehe ich im Segen,
in der Gnade und im Heil.

Melodie: Jesus Christus, guter Hirte (GL 366)

Wir sind ein Volk auf Wanderschaft

Wir sind ein Volk auf Wanderschaft
und schreiten durch die Zeit.
Erfülle uns mit Geist und Kraft,
denn unser Weg ist weit.

Im Lichte, Herr, von deinem Wort
entfällt uns nicht der Mut,
weil immer und an jedem Ort
dein Segen auf uns ruht.

Und sollten raue Winde wehn
und uns entgegen sein,
so kann uns dennoch nichts geschehn.
Wir sind ja nicht allein.

Du bist und bleibst das A und O
und gehst uns stets voraus.
Du zeigst den Weg und bringst uns so
zuletzt zu dir nach Haus.

Melodie: Lobt Gott, ihr Christen alle gleich (EG 27)

Lasst euch von der Liebe leiten

Lasst euch von der Liebe leiten,
lebt aus ihrem Geist allein!
Über allen euren Wegen
soll sie wie ein Leitstern sein.
Wer bei jedem seiner Schritte
sich an ihre Leuchtspur hält,
der ist wirklich Salz der Erde
und ein Licht für unsre Welt.

Lasst euch von der Liebe leiten,
ganz egal, was ihr auch tut,
denn das kommt nicht nur den andern,
sondern auch euch selbst zugut.
Sie hilft Gräben überwinden,
wehrt der Missgunst und dem Streit,
ebnet Wege und baut Brücken
und macht enge Herzen weit.

Lasst euch von der Liebe leiten,
trotz der Welt und ihrem Spott!
Denn Gott selber ist die Liebe
und wer liebt, der bleibt in Gott.
Darum lasst euch nicht beirren,
bringt sie aus, die gute Saat!
Wahre Liebe ist nicht träge.
Sie erfüllt sich in der Tat.

Lasst euch von der Liebe leiten,
die nicht rechnet und nicht misst
und auch Feinden gegenüber
gütig und barmherzig ist!
Betet, dass der Geist der Liebe
bald die ganze Welt durchweht!
Denn die Liebe ist die Sprache,
die man überall versteht.

Lasst euch von der Liebe leiten,
wie der Herr sie uns gelehrt:
einer Liebe, die im Nächsten
Gottes Bild erkennt und ehrt!
Folgt der Spur, die Jesus legte!
Sie erinnert uns daran,
dass allein die Kraft der Liebe
diese Welt erlösen kann.

Melodie: O Durchbrecher aller Bande (EG 388)

Die Stille

Manchmal geh' ich leise fort
aus des Alltags Enge,
suche einen stillen Ort,
wo die zarten Klänge
meiner Seele unverstellt
und vernehmlich tönen
und mich wieder mit der Welt
und mir selbst versöhnen.

Dann bin ich so nah bei mir,
dass auf wunderbare
Weise ich den Atem spür'
und mich neu erfahre.
Alle Unrast fällt dahin;
Lärm und Hektik schwinden.
Mein zerstreuter Geist und Sinn
kann zur Mitte finden.

Lauschend lasse ich mich los,
atme nur die Stille.
Sie wird hörbar, weit und groß,
klein der Drang und Wille.
Und mein Leben ordnet sich.
Lautlos abgeschieden,
fühle ich nun innerlich
Heiterkeit und Frieden.

Und indem der Lärm verweht,
wird an seiner Stelle
mir die Stille zum Gebet
und zu einer Quelle,
die mich in die Tiefe führt,
wo sich Gott enthüllet,
meine Seele sanft berührt
und die Sehnsucht stillet.

Inhalt

Melodie-Quellen:
EG RWL = Evangelisches Gesangbuch, Ausgabe für die Ev. Kirche im Rheinland, die Ev. Kirche von Westfalen und die Lippische Landeskirche, Gütersloh/Bielefeld/Neukirchen-Vluyn 1996
GL = Gotteslob, Stuttgart 2013
NEH = The New English Hymnal (Melody Edition), Canterbury Press Norwich [18]2009
Adoremus (Anbetung – Lobpreis – Dank), Kisslegg [18]2019

Zum Autor: Pfarrer Dr. Arnd Herrmann, wohnhaft in Würselen (bei Aachen). Verfasser mehrerer Gedichtbände sowie von zahlreichen lyrischen Beiträgen in Anthologien. Freier Mitarbeiter in verschiedenen theologischen Verlagen.